Wolfgang Abendschön
Un-erhörte Gebete

Gütersloher Verlagshaus

Originalausgabe

Die Deutsche Bibliothek – CIP-Einheitsaufnahme

Abendschön, Wolfgang:
Un-erhörte Gebete / Wolfgang Abendschön. – Orig.-Ausg. –
Gütersloh: Gütersloher Verl.-Haus, 1999
(Gütersloher Taschenbücher; 1324)
ISBN 3-579-01324-6

ISBN 3-579-01324-6
© Gütersloher Verlagshaus, Gütersloh 1999

Das Werk einschließlich aller seiner Teile ist urheberrechtlich geschützt.
Jede Verwertung außerhalb der engen Grenzen des Urheberrechts-
gesetzes ist ohne Zustimmung des Verlages unzulässig und strafbar. Das gilt
insbesondere für Vervielfältigungen, Übersetzungen, Mikroverfilmungen
und die Einspeicherung und Verarbeitung in elektronischen Systemen.

Umschlaggestaltung: INIT, Bielefeld
Satz: Weserdruckerei Rolf Oesselmann GmbH, Stolzenau
Druck und Bindung: Clausen & Bosse, Leck
Gedruckt auf chlorfrei gebleichtem Werkdruckpapier
Printed in Germany

Inhalt

Zum Buch **7**

Guten-Tag-Gebete 9

Gebet am Morgen **11**   Daß Anfang ist **12**
Morgenzauber **13**   Gebet beim Rasieren **14**
Im Rhythmus einer wärmenden Zeit **17**
Auf eigene Zuversicht **18**   Guten-Tag-Gebet **20**
Gebet woanders **23**   Tag ist, wie immer Tag ist **24**
Gebetsträume in Zimmer 44 **26**
Selig sind, die da geistlich arm sind **28**

Und jedem Gebet wohnt ein Zauber inne:
Unterwegs 29

Wer Gott sucht **31**   Alles bleibt anders **32**
Auf eigene Zuversicht **36**   Alle Wege führen zu Dir **37**
Gebet woanders **38**   Ob es wohl darauf ankommt **40**
Selig sind, die da Leid tragen **43**   Gebet unterwegs **44**
Gebet verkehrt? **46**

Guten-Mittag-Gebete 47

Gebet zur Mittagsruhe **49**   Gebet woanders **50**
Auf einmal Zeit **51**   Unvollständiges Tischgebet **52**
Auf eigene Zuversicht **53**   Ich ziehe mich aus für Dich **54**

Auch ein Tischgebet **56**   Gebet: Aus heiterem Himmel **57**
An Samstagen, Gott, mußt Du besonders aufpassen **58**
Gebet zu Pfingsten oder so **60**
Selig sind die Sanftmütigen **62**

Das Gebet ist ein un-endlicher Augenblick:
Begegnungen 63

Scherben bringen Hoffnung **65**   Im Himmel **66**
Erntedankgebet **67**   The beat goes on **68**
Auf eigene Zuversicht **71**
Anderes Gebet für eine andere Kirche **72**
Gebet, als ich den Highway entlangraste **74**
Selig sind, die da hungert und dürstet nach der
Gerechtigkeit **75**   Gebet woanders **76**
Brandstifter **78**

Gute-Nacht-Gebete 79

Gebet zur Nacht **81**   Gebet woanders **82**
Für eine gute Nacht **84**   Auf eigene Zuversicht **86**
Mutprobe **88**   Selig sind die Barmherzigen **89**
Dankgebet **90**   Eine Handvoll Zeit **92**   Amen **95**

Zum Buch

»Der Mensch hat Uhren,
Gott hat Zeit«,
staunte der Beter.

Ihr möchtet nun nach dem Gebet fragen.
Möchtet das Geheimnis des Gebets kennenlernen.
Nun, die Bücher können uns unterweisen,
wie und was und zu wem wir beten können.
Sie können uns auf das Gebet neugierig machen,
können Gebetslust in uns wecken.
Aber wir werden das Gebet wohl nur finden,
wenn wir es selber probieren, ausprobieren,
ob es paßt,
ob es uns paßt,
ob es trägt,
ob es uns trägt,
ob es hält,
ob es uns hält.
Wir werden es wohl nur finden,
wenn wir uns selber auf den Weg machen,
um es in unseren Herzen
und im Herzen des Lebens
zu suchen.
Dabei kommt es nicht darauf an,
daß wir am Ende etwas finden,
denn wer das Gebet sucht,
hat es schon gefunden.

Wie das kleine Senfkorn,
das unter dem Schnee träumt,
träumen unsere Herzen vom Frühling.
Habt keine Angst,
Euren Träumen zu trauen.
Habt keine Angst,
Eure Herzen weit
dem Herzen des Lebens
zu öffnen.

Als ich wieder einmal
den Highway entlangraste,
überholte ich auf einmal Kamele,
die alle Zeit der Welt zu haben schienen.
Ich wunderte mich,
aber ich wunderte mich noch mehr,
als wenig später unzählige Rosen
mitten auf dem Asphalt
ihre Dornen wegwarfen,
den Verkehr blockierten
und begannen,
ungeniert zu blühen.

Vielleicht sollten wir das alle tun.

Karlsruhe, im Herbst 1998   *Wolfgang Abendschön*

Guten-Tag-
Gebete

Gebet am Morgen

Gott,
die hellen Sterne sind erloschen.
Die Nacht ist vorbei.
Die Träume, ob sie wohl alle verträumt sind?
Der Tag folgt dem Sonnenaufgang
leise.
Die Tränen schmecken nach Hoffnung.
Die Uhren sind auf Null gestellt.
Ein ewiger Anfang
liegt in der Luft
für den Bruchteil einer Sekunde.
Himmelblaue Glocken
fallen aus allen Wolken,
läuten
in meinem Kopf,
wecken mich auf.
Die Zauberer verraten ihre Tricks.
»Erwarte viel
heute«, flüstern sie.
Wasser wird zu Wein.
Und ich verliere meine Angst.
Öffne mein Versteck.
Lasse meine Stunden schlagen.
Lebe darauflos
heute.
Sage ja zu dem
Tag,
der meine Pläne durchkreuzt.

Daß Anfang ist

Gott,
ich habe aufgehört,
das Mögliche zu tun,
das Unmögliche zu denken.

Gib mir ein Zeichen,
daß Anfang ist.
Neuer Anfang,
denn mein alter
ist mir aus dem Herzen geglitten
und am Boden zersprungen wie eine Scheibe.

Gib mir ein Zeichen,
daß Anfang ist,
und der Mandelzweig wieder blüht,
daß Steine zu Brot werden,
daß die Blumen Zukunft singen
und mit ihnen die Toten.
Gib mir ein Zeichen,
daß Anfang ist,
und er das Unmögliche tut.
Daß er wieder zusammenfügt
die zersprungene Scheibe:
Mein Leben.

Morgenzauber

So viele Blicke.
So viele Stimmen.
So viel Lachen.
So viele Tränen.
So viele Küsse.
So viel Stille.
So viele Geheimnisse.

Staunt die Nacht
und springt
über ihren Schatten
erwartungsvoll
in den Tag.

Und wir, Gott,
Du und ich,
staunen mit ihr.

Gebet beim Rasieren

Ich schaue in den Spiegel im Badezimmer.
Am Morgen.
Beim Rasieren.
In Unterhosen.
Und Du,
Gott?
Ah, Du rasierst Dich nicht.
Was, du hast gar keinen Bart?
Du schaust am Morgen in den Spiegel,
weil Du Dir die Lippen rot schminkst?
Nun gut, also ich schaue in den Spiegel
und sehe einen Fremden,
dem ich noch nie begegnet bin.
Ich zucke zusammen. Erschrecke.
»He, Mann! Was willst Du denn hier?
Wer bist Du?« brülle ich ihn an.
Der Fremde schweigt, aber dabei macht er ein Gesicht,
als ob er sagen wolle:
Keiner von uns weiß, wer er ist.
Ich poliere den Spiegel.
Erkenne ein Tapetenmuster oder so,
in Unterhosen,
das in der Nase bohrt.
Ich ziehe den Bauch ein.
Das Tapetenmuster oder so zieht auch den Bauch ein.
Ich halte die Luft an.
Das Tapetenmuster oder so hält auch die Luft an.
Ich lasse das Rasiermesser über meine Wangen gleiten.

Das Tapetenmesser oder so läßt auch das Rasiermesser
über seine Wangen gleiten.
Sehe ich einen Affen?
Auf jeden Fall ist da wer
im Spiegel.
Vielleicht ein Abbild.
Aber von wem?
Irgendwie wirkt es beklommen,
das Abbild.
Die mutlosen Augen.
Der traurige Mund.
Es sieht aus, als ob es ihm schlecht geht.
Ob es auch schlecht ist?
Sehe ich eigentlich aus, als ob es mir schlecht geht?
Und bin ich schlecht?
»Was ist denn mit Dir los?«, frage ich das Abbild.
Keine Antwort.
Vielleicht sollte ich versuchen,
das Abbild aufzumuntern,
es aus der Reserve zu locken.
Ich schneide Grimassen.
Übermütig.
Das Bild schneidet Grimassen.
Übermütig.
Es fängt an zu lachen,
als ob es ihm nun gut geht.
Ob es auch gut ist?
Jetzt lachen wir beide.
Diese mutigen Augen.
Dieser fröhliche Mund.
So viele Augen,
so viele Münder,

so viele Gesichter
fahren auf einmal Karussell in meinem Kopf.
Und mir ist, als ob ich den da in Unterhosen
im Spiegel
doch schon ewig kenne.
Aber wo zum Teufel hat er die ganze Zeit gesteckt?
In einem anderen Leben?
In einem anderen Rätsel?
In einer anderen Geschichte?
In einem anderen Traum?
»Wir sollten mehr voneinander wissen.
Ob ich ihm gefalle?« geht es mir durch den Kopf.
Das Rasierwasser brennt.
Ich blinzle ihm zu.
Er blinzelt mir zu.
Seine Lippen formen sich zu einem Kußmund.
Ich erröte.
Er errötet.
Wir verabreden uns.
Ich bin so gespannt auf ihn.
Danke,
Gott,
für den neuen Tag.

Im Rhythmus einer wärmenden Zeit

Gott,
mein Herz war kalt geworden,
und ich fror.
Aber die Kälte blieb,
als ich mein kaltes Herz
eiskalt wegwarf.
Herzlos geworden,
ließ ich es zitternd
am Boden zurück.

Als es Winter wird,
hat mein Herz aufgehört zu schlagen.

Da kommst Du,
bückst Dich
und hebst mein vor Kälte erstarrtes Herz auf.
Du wärmst es zwischen Deinen Händen.
Hauchst es an
Dein Atem liebt mein Herz.
Mein Herz liebt Deinen Atem.
Langsam taut es auf.
Es faßt sich ein Herz,
mein Herz.
Vorsichtig beginnt es zu schlagen.
Dir und mir.
Im Rhythmus einer wärmenden Zeit.

Auf eigene Zuversicht

stelle ich Fragen.
»So etwas fragt man doch nicht«,
schmunzeln sie amüsiert,
aber ein bißchen erröten sie dabei.
Sind es peinliche Fragen?
Unanständige Fragen?

Ich lasse nicht locker.
»Stell nicht so alberne Fragen.
Du kennst die Antwort.«
Sie wirken ärgerlich.
Sind es ungehörige Fragen?

Arglos frage ich weiter darauflos.
Immer wieder.
»Jetzt ist Schluß mit der Fragerei«,
sagen sie streng.
Warum wollen sie mir meine Fragen verbieten?
Vielleicht, weil die Fragen hinterfragen?
Alles für fragwürdig halten?
Alles in Frage stellen?
Weil sie auf den Grund
ihrer Erwachsenenwelt
gehen?
Und dieser Grund
vielleicht zu brüchig geworden ist,
um ihnen Grund zur Hoffnung zu geben?

Auf eigene Zuversicht
wirfst Du,
Gott,
dem Kind in mir
einen Ball zu.
Ich fange ihn mit beiden Händen auf.
Werfe ihn zu Dir zurück.
Unbekümmert spielen wir miteinander.
Schlagen Purzelbäume.
Ihren Verbotsschildern schneiden wir Grimassen.
Auf die Wangen
ihrer mürrisch dreinblickenden Gesichter
malen wir bunte Fragezeichen.

Auf eigene Zuversicht
bist Du,
Gott,
nie erwachsen geworden.
Auf eigene Zuversicht
will ich
ein Kind
bleiben.

Guten-Tag-Gebet

Seid stets bereit,
jedem Rede und Antwort zu stehen,
der nach der Hoffnung fragt,
die euch erfüllt.

1 Petr 3,15

Guten Tag,
guter Tag.
Auf daß du Zeugnis gibst
mit deinen Worten
von der Hoffnung,
die dich erfüllt.
Auf daß du Fragen stellst
an allen Orten.
Antworten, die gibt es schon genug.

Guten Tag,
guter Tag.
Auf daß du Zeugnis gibst
mit deiner Liebe
von der Hoffnung,
die dich erfüllt.
Auf daß du deine Zeit anhältst
und deine Stunden denen schenkst,
deren Frist längst abgelaufen ist.

Guten Tag,
guter Tag.
Auf daß du Zeugnis gibst
mit deinem Glauben
von der Hoffnung,
die dich erfüllt.
Auf daß du im Licht eines neuen Morgen
den Aufbruch ins Dunkel wagst
- ohne Rückfahrkarte.

Guten Tag,
guter Tag.
Auf daß du Zeugnis gibst
mit deinem Handeln
von der Hoffnung,
die dich erfüllt.
Auf daß du ruhig wirst, staunend
dich bückst und eine Sehnsucht aufhebst,
die jemand verloren hat.

Guten Tag,
guter Tag.
Auf daß du Zeugnis gibst
mit deinen Träumen
von der Hoffnung,
die dich erfüllt.
Auf daß du die Sterne suchst,
die auf dich warten
in einem anderen Frühling.

Guten Tag,
guter Tag.
Auf daß du Zeugnis gibst
mit deinem Selbstvertrauen
von der Hoffnung,
die dich erfüllt.
Auf daß du meine Angst
mit Mut fütterst,
und wir uns nicht ergeben.

Guten Tag,
guter Tag.

Was,
du willst heute gar kein guter Tag sein?

Dann habe ich dieses Gebet für morgen gemacht.

Gebet woanders

Woanders
beten sie
das Blaue vom Himmel herunter.
Und ich streiche
meinen grauen Alltag
kunterbunt an.
Woanders
gehen ihre Stimmen unter
im Lärm der Autobahnen,
die in ihnen fahren.
Und Du, Gott, rufst unsere Namen.
Ich rufe Deinen Namen.
Woanders
sehe ich mich
flüchtig
in einem vorbeifahrenden Auto.
Woanders
verrate ich
mir
meine Schlupfwinkel.
Woanders
will ich zurückkehren
zu mir,
den ich noch nie gesehen habe.
Woanders
stoße ich ihre Tatsachen um,
hinter denen Dich keiner finden soll.

Tag ist, wie immer Tag ist

Gott,
mein neuer Morgen
erwacht.
Gähnt.
Reckt und streckt sich.
Er geht ans Fenster.
Reibt die Augen.
Hält Ausschau,
ob Tag ist.
Dunkle Wolken hängen am Himmel.
Ein rostiger Omnibus rumpelt die Straße entlang.
Verängstigte Schulranzen wollen nicht zu spät kommen.
Hektische Bypässe mit Koffern aus Aluminium
eilen Richtung Flughafen.
Hakenkreuze gröhlen an den Häuserwänden.
Die Fenster in der Nachbarschaft tuscheln.
Aber später wollen sie wieder nichts gesehen haben.
An der Straßenecke bettelt das Leben um Almosen.
Mein neuer Morgen
stellt fest,
daß Tag ist,
wie immer Tag ist.

Er geht in die Küche.
Macht sich einen himmelblauen Kaffee,
den er, versüßt mit einem himmelblauen Stück Zucker,
aus einer himmelblauen Tasse trinkt.
Danach färbt er sich im Badezimmer die Haare himmelblau

und wundert sich, daß in ihnen schon bald
himmelblaue Träume nisten.
Mein neuer Morgen spürt: so viele Geheimnisse
gibt es auch im Leben eines neuen Morgen,
unter dessen Fenster
gerade ein rostiger Omnibus vorbeigerumpelt ist,
zu entdecken.
Er ist voller Zuversicht.
Mit einem kurzen Stoßgebet
stürzt er sich
in den Tag,
dessen Himmel
auf einmal himmelblau ist.

Gott,
ich freue mich
auf die unbekannten Ufer,
die ich
heute
suchen will.

Gebetsträume in Zimmer 44

Gott,
das Leben
in Zimmer 44
schmiedet
Selbstmordpläne.
Die Götter
haben es an den Tropf gehängt.
»Morgen bekommen wir den Befund,
dann sehen wir weiter«,
sagen sie
allwissend,
aber sie sehen ohnmächtig aus.
»Kein Gott
kann dich da rausholen«,
schießt es dem Leben
durch den Kopf.
Das Leben
schmiedet
weiter
Selbstmordpläne

und versagt.

Es kann sein Leben nicht loslassen.
Es ist verzweifelt.
Jetzt weint es.
Erschöpft
schläft es irgendwann ein.

In seinen Träumen
erhebt es sich aus dem Krankenbett.
Vorsichtig öffnet es die Tür.
Niemand bemerkt es
auf dem langen Flur der Station.
Ein Stockwerk höher,
Gott,
zeigst Du ihm durch die Trennglasscheibe
ein Kind.
Das Leben sieht
kein Neugeborenes,
sondern sich.
Welche Freude!
Das Leben hinter der Trennglasscheibe
strahlt
Zufriedenheit,
Unbekümmertheit,
Unschuld aus,
die wie selbstverständlich auf die draußen übergehen.
Beim Anblick des Lebens hinter der Trennglasscheibe
fühlt das Leben vor der Trennglasscheibe
nicht nur Verantwortung,
sondern den unbändigen Wunsch, mit diesem Leben zu leben,
dieses Leben zu schützen,
zu begleiten.

»Wir haben jetzt den Befund«,
wecken die Götter das Leben auf.
Und seine Hoffnung ist größer
als seine Angst.

Selig sind, die da geistlich arm sind

Du hast gesagt:
»Selig sind,
die da geistlich arm sind;
denn ihrer ist das Himmelreich.«

Und mein Herz
dieses Augenblicks
bleibt stehen.
Nimmt sich die Zeit,
die vergangen ist.
Verschenkt alle meine Stunden,
meine Niederlagen,
meinen glücklichsten Sommer,
meine Liebesbriefe,
meine Schätze.

Was für ein gutes Gefühl,
loslassen zu können,
nicht mehr festhalten zu müssen.
Was für ein gutes Gefühl,
nicht mehr fürchten zu müssen
zu verlieren.

Und jedem Gebet
wohnt ein Zauber inne:
Unterwegs

Wer Gott sucht

»Gott
finden wir
in den Blumen,
die nie verblühen,
in den Liedern,
die nie verklingen,
in der Zeit,
die nie vergeht«,
sagten die Allwissenden bestimmt.

So machte ich mich auf den Weg.

Aber ich fand keine Blumen,
die nie verblühen,
keine Lieder,
die nie verklingen,
keine Zeit,
die nie vergeht.
Als ich schon entmutigt aufgeben wollte,
flüsterte leise die Ermutigung:
»Wer Gott sucht,
der hat ihn schon gefunden.«

Und voller Zuversicht ging ich weiter.

Alles bleibt anders

Gott,
es gibt sie, die Zeiten,
in denen ich mich im Gebet
auf die Suche mache, und manchmal
machen wir uns ja auch gemeinsam auf die Suche,
Du und ich, während wir älter werden
(und wir werden älter, ob wir es wollen oder nicht),
oder wird ein Gott nicht älter?,
auf die Suche nach dem,
was wir Lebenden brauchen.
Vielleicht brauchen ja auch die Toten dasselbe wie wir.
Wenn ich nur wüßte, was.
Die Reise nach Hollywood?
Den Ritt auf einem Kamel?
Ein Lesezeichen in der Bibel?
Grüngefärbte Haare?
Bauchtanz?
Geigenspiel?
Laufmaschen in Nylonstrümpfen?
Schöne Beine?
Einen Liebesbrief?
Den Zorn einer Frau?
Einen Psychiater?
Kinder mit Rotznasen?
Kummer?
Aspirin?
Einen Priester?
Angst vor dem Sterben?

Sehnsucht?
Unsterblichkeit?
Regen?
Sonnige Melodien?
Einen Drink an einem angenehmen Nachmittag?
Einen Gewinn im Lotto?
Arbeitslosengeld?
Ein Haus mit Swimmingpool?
Einen Regenbogen?
Einen neuen Morgen?
Ein Dankeschön für diesen neuen Morgen?
Vermutlich brauchen wir überhaupt nicht viel.
Schon gar nicht alles.
Und doch bleibt so mancher auf der Strecke
bei dem Versuch, alles zu kriegen.
Ich möchte nicht alles,
aber ich hoffe, irgendwann einmal alles
versucht zu haben, was möglich war.
Gott,
es ist ein so gutes Gefühl,
wenn wir im Gebet zusammen
stundenlang reden,
Du und ich, ohne Netz und doppelten Boden,
ohne die Angst,
alles richtig machen zu müssen.
Und dann hocken wir andererseits wieder da,
wortlos.
Aber ein kurzer Blick genügt,
und alles ist gesagt.
Wir schauen hinaus auf das Meer,
das zwar viele Meilen weit weg ist,
aber wir schauen hinaus.

Wir trinken Kaffee
und bewundern den Sonnenaufgang.
Ich habe das Meer schon so lange nicht mehr gesehen.
Vielleicht existiert es gar nicht mehr.
Aber jetzt schaue ich hinaus.
Vielleicht existiere ich selbst gar nicht mehr.
Doch für was soll ich gestorben sein?
Man stirbt doch
für etwas?
Sonst wäre der Tod
nichts
als
sinnlos.
Und Du, Gott, existierst Du noch?
Haben sie Dich nicht ans Kreuz genagelt?
Es kommt vor, daß ich mir manchmal
auch schon nur in einigen wenigen Minuten Gebet
einen Bart stehen lasse
und in einem Papierschiffchen
um die Welt segele.
Vorbei an Wolkenkratzern,
Reihenhäuschen,
Kirchen,
Motoren
und Autohupen,
schmalen Schlipsen in Nadelstreifen,
Bierdosen
und Whiskyflaschen,
die an roten Ampeln stehen.
Vorbei an Sonnenblumen,
die überall auf den Straßen blühen
und den Verkehr blockieren.

Über Gräber,
die es nicht mehr nötig haben.
Und auf meiner Gebetsreise habe auch ich
es auf einmal nicht mehr nötig.
Ich muß niemandem etwas beweisen.
Muß keine Rolle spielen.
Kann einfach sein,
wie ich bin.
Ich traue mich,
zu blühen.
Habe keine Angst,
irgendwann zu verblühen.
Am Ziel
meiner Gebetsreise
bin ich wieder bereit:
Aufwachen,
gähnen,
aufstehen,
die Wasserspülung ziehen,
das Kaffeewasser aufsetzen,
schauen, ob die Tageszeitung schon vor der Haustür liegt.
Alles funktioniert.
Alles bleibt.
Aber alles bleibt

anders.

Auf eigene Zuversicht

überspringe ich
mit Dir,
meinem Gott,
Mauern.
Auf eigene Zuversicht
riskiere ich es
zuzuhören,
hinzusehen,
das Unsagbare zu sagen,
das Unglaubliche zu glauben.
Auf eigene Zuversicht
suche ich sie,
die ungewöhnlichen Wege,
die geheimen Quellen,
die fremden Sterne.
Auf eigene Zuversicht
gehe ich bis zum Äußersten.
Im Aufeinanderwarten.
Im Aufeinanderzugehen.
Auf eigene Zuversicht
durchbreche ich,
was uns trennt.
Auf eigene Zuversicht
hole ich alles aus mir heraus
und will es nur verschenken.

Alle Wege führen zu Dir

Gott,
Du führst
zu allen Wegen.

Und so bin ich Dir auf der Spur.

Gehe
in mich.
Ohne Zeiger.
Abwärts.
Aufwärts.
Seitwärts.
Gehe
aus mir heraus.
Reise hin und zurück.
Drehe mich im Kreis.
Steige auf Wolkenkratzer.
Fahre mit der U-Bahn.
Verschlucke alle Straßen.
Esse die verbotenen Äpfel.
Gehe
auf meinen Träumen,
die bis in den Himmel führen.

Gebet woanders

Was nützt es dem Menschen,
wenn er die ganze Welt gewinnt,
aber dabei seine Seele verliert?

Matthäus 16,26

Woanders,
Gott,
verkaufen sie ihre Seelen.
Sie schmeißen ihre Bedenken,
ihre Gefühle
wie überflüssigen Ballast
wegen ein paar Banknoten,
Aktien,
Wertpapieren
über Bord,
um nicht unterzugehen.
Woanders
können sie trotz alledem
den Kurs nicht halten,
auch wenn die Aktien steigen.
Woanders
kaufen sie sich mit den Gewinnen
rosarote Brillen,
aber ihre Welt wird nicht rosarot.
Woanders
versuchen sie

vergeblich,
ihre Oberflächlichkeiten
gegen ein bißchen Nähe,
ihre Lügen
gegen ein bißchen Aufrichtigkeit
einzutauschen.
Woanders
zahlt man ihnen nun
mit gleicher Münze
zurück.
Woanders,
Gott,
sitzt ein einsam gewordener
Börsengang
und setzt
verzweifelt
weiterhin alles
auf Nummer Null.

Ob es wohl darauf ankommt

Gott,
was Du in uns gesät hast,
ob es wohl darauf ankommt,
daß wir es einmal ernten,
daß Du es einmal erntest?

Und wann wird der Tag kommen,
kommt überhaupt der Tag,
unser Tag,
Dein Tag,
an dem sich so vieles vollendet?

Wenn er kommt,
fällt er vom Himmel
mit Pauken und Trompeten,
oder bevorzugt er lieber die Stille
der Seitenwege?
Finden wir ihn in den Schlagzeilen
oder doch mehr in den Zwischenräumen?

Wird er uns erschrecken,
Angst einjagen?
Wird er uns auslachen,
links liegen lassen,
übersehen?

Wird er mit uns tanzen
auf allen Hochzeiten?
Wird er unsere Haut zu Markte tragen?
Wird er uns zum Teufel jagen?
Wird er Gras über unsere Geschichte wachsen lassen?

Oder wird er uns wie eine Mutter auf die Füße stellen,
uns die Schnürsenkel binden,
über die Haare fahren,
uns an die Hand nehmen
und uns Geschichten vorlesen,
wenn wir nicht einschlafen können?

Werden wir ihn verpassen,
zu spät dran sein?
Oder werden wir gerade noch
auf seinen letzten
Atemzug
aufspringen?

Wohin wird die Reise gehen?
In einen anderen Morgen?
In einen anderen Mittag?
In eine andere Nacht?
Dem Ende entgegen?
In ein anderes Leben?

Doch, ist das Ziel überhaupt so wichtig?
Oder ist es eher das, worauf es ankommt:
Daß wir unterwegs sind.
Daß wir auf der Suche sind.

Daß wir nicht warten,
ob der Tag kommt und uns findet,
sondern daß wir versuchen, ihn aufzuspüren,
und bereit sind,
ihm mit offenen Armen entgegenzulaufen.

Gott,
was Du in uns gesät hast,
ob es wohl darauf ankommt,
daß wir es einmal ernten,
daß Du es einmal erntest?

Ist das mit dem Ernten überhaupt so wichtig?
Oder ist es eher das, worauf es ankommt:
Daß wir keine Angst haben
loszulassen,
alles, was wir haben, zu verschenken,
um die anderen,
um uns
mit Leben zu erfüllen.
Daß wir Mut haben,
auf die Knie zu gehen.
Daß wir versuchen, das Beste zu machen
aus dem, was uns gegeben ist,
was wir uns erhoffen.
Daß wir mehr und mehr lernen,
dankbar zu sein
für unseren Augenblick.
Es ist kein ungewöhnlicher Augenblick,
aber ein Augenblick mehr.

Selig sind, die da Leid tragen

Du hast gesagt:
»Selig sind,
die da Leid tragen;
denn sie sollen getröstet werden.«

Und meine Tränen
dieses Augenblicks
lassen ihrer Verzweiflung freien Lauf,
wollen nicht tapfer sein,
wollen nicht den Helden spielen.
Fast am Ende
findet die verlorene Hoffnung
zurück,
nimmt sie in die Arme.
»Seid geduldig.
Gebt nicht auf.
Alles hat seine Zeit:
die Freuden,
die Leiden«, tröstet sie.

Und es ist, als ob die Klagelieder
schon tastend beginnen,
sich in andere Lieder zu verwandeln.

Gebet unterwegs
in ein anderes Leben

Gott,
ich will nicht nur das glauben,
was ich sehe.
Ich will mir auch
das Unsichtbare bewahren.
Die Spuren,
die ich verwischt habe.
Unbekannte Ufer,
die ich noch nicht gesucht habe.
Ein anderes Gesicht im Spiegel,
das ich noch nicht gewagt habe.

Gott,
ich will nicht nur das glauben,
was ich höre.
Ich will mir auch
das Unhörbare bewahren.
Die anderen Lieder,
die ich noch nicht gesungen habe.
Meine Wünsche,
die ich noch immer vor mir versteckt halte.
Meine Geschichte,
nach der ich mich noch nicht gefragt habe.

Gott,
ich will nicht nur das glauben,
was ich weiß.
Ich will mir auch
das Unerklärliche bewahren.
Die Uhren,
die plötzlich stehenbleiben und sich die Zeit nehmen.
Die Anfänge,
die grenzenlos möglich sind.
Deine Wunder,
die aus allen Tagen und Nächten platzen.

Gebet verkehrt?

Gott,
ich will da sein,
wenn Du mich brauchst.
Wenn Du nicht mehr weiter weißt,
will ich Dir den Weg zeigen.
Wenn Du zu ertrinken drohst,
will ich Dich retten.
Ich will Dich festhalten im Sturm.
Wenn Du Dich fallen läßt,
will ich Dich auffangen.
Ich will Dich finden,
wenn Du Dich verloren hast.
Ich will Dir die Sonne vom Himmel holen,
damit sie Dich wärmt,
wenn Du frierst.
Ich will für Dich auf allen vieren kriechen.
Will Deine Tränen weinen.
Will für Dich von vorne anfangen.
Will Dir tausend Hoffnungen schenken.
Ich will den seidenen Faden spinnen,
an dem Dein Leben hängt.
Gott,
ich will da sein,
wenn Du mich brauchst.
Ich will mein Leben in Deine Hand legen.
Will Dir das Geschenk der Liebe zurückgeben.

Guten-Mittag-
Gebete

Gebet zur Mittagsruhe

Gott,
die Fragezeichen
sind auf meinen Schultern eingeschlafen.
Ich atme leise,
um sie nicht zu stören.
Die Antworten
lassen Drachen steigen.
Die Zuversicht beginnt,
sich in meinen Gedanken ihre Nester zu bauen.
Mein Schutzengel,
mein Schaukelpferd,
sie spielen
ausgelassen
miteinander.
Gott,
laß nicht zu,
daß sie schon bald wieder
in die Schlacht
ziehen
müssen.

Gebet woanders

Woanders
laufe ich aus meinen Träumen.
Kaufe mir
auf der Suche nach meinem Gesicht
alle Spiegel der Stadt.
Und von allen Spiegeln strecken sie mir die Zunge raus
und sie lachen mich lautlos
schallend
aus.
Woanders
versuche ich, im Staub
meine Handschrift zu entziffern.
Woanders
jage ich meine Nächte,
bis sie taghell geworden sind.
Woanders
stelle ich
auf der Suche nach meinen Stunden, Tagen, Jahren
meinen Kalender auf den Kopf.
Woanders
sammele ich meine Wünsche auf,
die ich achtlos verloren habe.
Woanders
suche ich.

Und will doch endlich gefunden werden.

Auf einmal Zeit
für ein Gebet

Gott,
ich habe keine Zeit.
Keine Zeit für Fragen.
Keine Zeit für einen offenen Mund.
Keine Zeit für Deine Liebe.
Keine Zeit für Deine Eifersucht.
Keine Zeit für meine Sehnsucht.
Keine Zeit für diesen Tanz.
Keine Zeit zu erröten.
Keine Zeit für ein bißchen Glück.
Keine Zeit für Deine Wunder.
Bin zu früh zu spät dran.
Dabei könnten sie doch gerade jetzt geschehen:
Daß Blinde sehen.
Daß Lahme gehen.
Daß Wasser wird zu Wein.
Daß Tote auferstehen.

Gott,
ich habe keine Zeit.
Keine Zeit, meine Uhr aufzuziehen.

So steht die Zeit plötzlich still.

Und ich habe auf einmal Zeit.

Unvollständiges Tischgebet

»Segne Du,
Herr,
diese Gaben,
die wir
von Dir
empfangen haben«,
murmeln
drinnen
die Habewasse,
und dabei freuen sie sich
auf ein üppiges Mahl,
das ihnen schon jetzt
das Wasser im Mund zusammenlaufen läßt.

»Und von denen wir
wieder einmal
nichts
abgeben wollen«,
ergänzen hungernd
draußen
die Habenichtse.

Auf eigene Zuversicht

will ich mich aufs Kreuz legen lassen.
Auf eigene Zuversicht
will ich mich festnageln lassen.
Auf eigene Zuversicht
will ich mich begraben lassen.
Auf eigene Zuversicht
will ich das Weizenkorn in die Erde fallen lassen.
Auf eigene Zuversicht
will ich den Stein vor meinem Grab wegwälzen
Auf eigene Zuversicht
will ich Feuer anzünden.
In mir.
Unter uns.
Auf eigene Zuversicht
will ich vorausgehen
an den Rand.
Nach Emmaus?
Auf eigene Zuversicht
will ich still werden,
daß ich mich hören kann.
Auf eigene Zuversicht
will ich mit allen rauschende Feste feiern.
Auf eigene Zuversicht
will ich alle Ostergeschichten wahr machen.

Ich ziehe mich aus für Dich

Ihr seid das Salz der Erde.

Matthäus 5,13

Gott,
es heißt »Ihr seid das Salz der Erde«.
Wer ist angesprochen mit »Ihr«?
Sind es die verkrachten Existenzen,
die Verlierer,
die, die fast am Ende sind?
Sind es die Champions,
die glorreichen Hunde,
die, denen alles gelingt?
Sind es die Autos auf dem Freeway,
proppenvoll mit Menschen?
Sind es die leer gewordenen Kirchen,
deren Glocken einsam in der Wüste läuten?
Sind es die Gläubigen
im Unterschied zu den anderen Menschen?
Wird mit »Ihr« überhaupt jemand ausgeschlossen?
Sind vielleicht doch alle angesprochen?
Oder gar niemand?
Soll das »Ihr« die Suppe salzen?
Versalzen?
Wo fehlt das Salz in der Suppe?
Wem soll die Suppe versalzen werden?
Soll sich am Ende gar einer erschießen,
weil er kein Salz in der Suppe finden konnte?

Was ist, wenn es stimmt, daß Salz zu weißer Asche verbrennt,
auf die Zuckertränen fallen?
Heißt es dann auf einmal »Ihr seid der Zucker der Erde«?
Und, Gott, wie soll ich das verstehen, da heißt es
»Ihr seid das Salz der Erde« und wenig später
»Ihr seid das Licht der Welt«?
Salz brennt.
Vielleicht gar wie eine Kerze
in schwarzen Nächten?
Aber was tun, wenn die Nacht zu schwarz ist für jedes Salz?
Ist es ein Trost, daß dies auch Bären
und Ameisen passieren kann?
Salz würzt.
Salz konserviert.
Salz reinigt.
Einst wurden die Neugeborenen mit Salz eingerieben.
Und noch heute ist es bei uns guter alter Brauch,
daß einem die Freunde beim Einzug in ein neues Zuhause
Salz und Brot schenken.
Andererseits, wer will schon in einer Salzwüste wohnen,
da begraben sein?
Und macht nicht erst ein Zuviel an Salz das Tote Meer?
Wer will schon in einem toten Meer schwimmen,
ertrinken?
Und doch: Gott, Du ziehst Dich aus
für uns.
Du verschenkst Dein letztes Hemd.
Du hebst nicht Deine Stunden auf für später.
Du verschwendest Dich.
Und gemeinsam schwimmen wir hinaus
in ein Lebendiges Meer.

Auch ein Tischgebet

Gott,
unser tägliches Brot
gib uns heute.
Und Tage aus Milch und Honig.
Und Nächte aus Wein und Gesang.

Aber vor allem laß uns
unser tägliches Brot,
unsere Tage,
unsere Nächte
mit allen
teilen.
Damit alle Hungernden satt werden.
Damit alle Traurigen getröstet werden.

Das Leben ist so oft ein Hunger,
den kein auch noch so üppiges Mahl stillen kann.

Sei Du unser Gast,
damit unser Mahl ein Festmahl wird,
damit unsere Tage Festtage werden.

Keiner wird Dich verraten.

Gebet: Aus heiterem Himmel

schenkst Du mir,
Gott,
Dein Leben.
Ich geb Dir meines dafür.
Meine paar Schluck Whisky.
Meine Zigarettenstummel.
Meine abgebrannten Streichhölzer.
Meine gefällten Bäume.
Meine gerodeten Wurzeln.
Meine versiegten Quellen.
Meine verwelkten Träume.
Meine Sackgassen.
Meine verkaufte Seele.
Mein verlorenes Herz.
Meine eingesperrten Gedanken.
Meine unerhörten Gebete.
Mein verspieltes Glück.
Aus heiterem Himmel
schenkst Du mir,
Gott,
Dein Leben.
Ich geb Dir meines dafür.

Was Du Dir dabei wohl gedacht hast?

An Samstagen, Gott, mußt Du besonders aufpassen

Gott,
jetzt hängst Du, auf Hochglanz poliert,
am Kreuz in der leer gewordenen Heimatkirche
und scheinst nicht recht zu wissen,
wie es weitergehen soll.
In ihrer scheinheiligen Welt
ohne Amen fühlst Du Dich einsam.
Du zählst die Rauten
im Mittelgang.
Es ist weit
bis zur eisenbeschlagenen Tür,
die wie so oft verschlossen ist.
Und es ist noch weiter
bis zu den Statuen der Heiligen,
die vor Kälte erstarrt sind.

Erst neulich starb der Schutzengel,
der auf dem jetzt leeren Sockel neben Dir stand.
Er war in der Totenstille
der Kirche eingeschlafen, als plötzlich
altehrwürdiges Orgelspiel
ihn erschreckte,
er die Balance verlor,
vom Sockel fiel
und sich die Flügel brach.
Ein Schutzengel ohne Flügel?

Wer hier seine Rolle nicht mehr spielen kann,
hat ausgespielt.
Es sei eine schöne Beerdigung gewesen,
heißt es. Der Pfarrer habe ihm
den Himmel versprochen.
Ob er von dort einmal eine Ansichtskarte schreiben wird?

An Samstagen, Gott,
mußt Du besonders aufpassen.
Da wird die Kirche geputzt,
geschrubbt und gebohnert.
Nicht, daß sie Dich noch mit ihren Wedeln
vom Kreuz putzen.
Denn wer weiß: In ihren Augen könnte
ein Gott nicht am Kreuz
vielleicht wie ein Schutzengel ohne Flügel sein.

Gebet zu Pfingsten oder so

Gott,
Du lehrtest uns sprechen.
Aber wir haben Dich ausgenutzt,
ließen Dich für uns sprechen.
Weil uns die Worte fehlten.
Weil wir uns nicht trauten,
die Dinge zur Sprache zu bringen.

Gott,
Du lehrtest uns hören.
Aber wir haben Dich ausgenutzt,
ließen Dich für uns hören.
Weil wir unsere Ruhe nicht gestört haben wollten.
Weil wir zu feige waren, um aufzuhorchen.

Gott,
Du lehrtest uns sehen.
Aber wir haben Dich ausgenutzt,
ließen Dich für uns sehen.
Weil wir uns nicht in die Augen schauen konnten.
Weil wir lieber
unsere Augen vor der Wahrheit verschlossen.

Gott,
Du lehrtest uns teilen.
Aber wir haben Dich ausgenutzt,
ließen Dich für uns teilen.
Weil wir nicht zu kurz kommen wollten.
Weil genug für uns nie genug war.

Gott,
Du lehrtest uns träumen.
Aber wir haben Dich ausgenutzt,
ließen Dich für uns träumen.
Weil wir Angst hatten, die Träume könnten zerplatzen.
Weil wir noch mehr Angst hatten,
die Träume könnten wahr werden.

Gott,
wir haben Dich ausgenutzt.
Haben Dir,
unserem Gott,
Unmenschliches abverlangt.
Und Du hast Dich ausnutzen lassen.
Bist zu Boden gegangen.
Jetzt haben sie Dich angezählt.
Doch während Du am Boden liegst,
schlägt Deine letzte Stunde
sich auf die Seite der Sprachlosen,
die plötzlich mit Deiner Sprache sprechen,
mit Deinen Ohren hören,
mit Deinen Augen sehen,
mit Deinem Herz teilen,
mit Deinen Sehnsüchten träumen.

Selig sind die Sanftmütigen

Du hast gesagt:
»Selig sind die Sanftmütigen;
denn sie werden das Erdreich besitzen.«

Und meine Ungeduld
dieses Augenblicks,
die unüberhörbar
immer das letzte Wort brüllte,
die die Regeln bestimmte,
ruft um Hilfe,
weil sie ihre Geduld verlor.
Doch ihre Schreie gehen unter
im anderen Lärm.
Erschöpft bettelt sie um ein bißchen Ruhe.
Lernt zu warten.

Durch ihre Träume geht die Stille
und ruft leise ihren Namen.

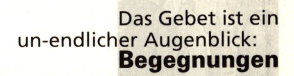

Das Gebet ist ein un-endlicher Augenblick:
Begegnungen

Scherben bringen Hoffnung

Gott,
die Hoffnung
ist so zerbrechlich.
Wenn ich ein bißchen Hoffnung erwische,
ich will sie schützen.
Will aufpassen,
daß da keiner kommt
und sie zerstört.
Ich will die zerbrechliche Hoffnung
aufheben für die noch zerbrechlicheren Tage.
Und wenn ihr gläserner Körper,
ihr gläsernes Herz
mir doch einmal aus den Händen gleiten,
dann will ich einsammeln
alle ihre Scherben,
Deinen Atem
in allen ihren Scherben,
den Atem Gottes
in allen Scherben der Hoffnung.

Im Himmel

treffen wir uns
Menschen.
Im Himmel
in unseren Städten,
in unseren Straßen,
in unseren Häusern.

Im Himmel
oben, unten,
rechts, links
oder doch mittendrin?

Überall,
wo wir
auf Erden
wohnen,
geht Dein Himmel
über all unseren Städten,
über all unseren Straßen,
über all unseren Häusern
auf.

Erntedankgebet

Gott,
mein Glaube
ist so oft ein kleines Pflänzchen
Hoffnung,
das von meinen Zweifeln
entwurzelt zu werden droht.
Ich will ihn einpflanzen
in einen Blumentopf,
will ihn regelmäßig begießen,
daß er Wurzeln schlägt,
wächst
und Früchte bringt.
Heitere Früchte
und traurige Früchte
und heimische Früchte
und fremde Früchte,
die von weit herkommen.

Früchte, die nach Dir schmecken.

The beat goes on

Gott,
auf einem Spielplatz schaute ich Kindern zu,
die ausgelassen miteinander spielten.
Es war ein ungewohntes Szenarium.
Kein Kinderlachen.
Kein Geplapper.
Kein unbekümmertes Gekreische.
Die Kinder spielten und unterhielten sich
völlig lautlos.
Ein Dreikäsehoch erzählte den anderen
mit lebhaften Gebärden,
sie schauten sich dabei konzentriert in die Augen,
lasen an Mimik und Gestik seine Worte.
Es waren gehörlose Kinder.
Mir schien, als ob sie sich und ihre Umwelt
mit ungeheurer Aufmerksamkeit wahrnahmen.
Eine faszinierende Beobachtung für einen
aus der Welt der Hörenden.
Gott,
ich habe fast verlernt zu hören,
zuzuhören.
Obwohl ich jeden Tag mehr auf die Ohren bekomme:
Am Morgen das Geklingel
eines vorwitzigen Weckers.
Zum Frühstück das Gekicher der Mannequins
in den Anzeigen der Tageszeitung.
Das Knallen stolzer Pfennigabsätze
auf die Straßenpflaster.

Das Gepiepse von sich einsam fühlenden Handys.
Musikberieselung in den Toiletten und Kaufhäusern.
Es ist, als ob Kriegsfilme in den Straßen dröhnen.
Nervöse Autohupen
zeigen Ellenbogen.
Taub gewordene Preßlufthämmer
lassen gnadenlos die Muskeln spielen.
Zwei Wagen krachen ungebremst ineinander.
Sirenen
überdecken den Knall
eines Schusses von einem, der sich erschoß,
weil er das Gefühl hatte, wahnsinnig werden zu müssen,
aber nicht wußte, wie das geht.
Gott,
Benediktinerinnen der Abtei Mariendonk am Niederrhein
leben die Ordensregel des heiligen Benedikt
»Schweige und höre«
völlig aus.
Anderthalb Stunden am Tag dürfen sie reden,
die übrige Zeit wird geschwiegen.
Wenn du sie besuchst, ist es eine ungeheure Erfahrung.
Schon nach kurzer Zeit saugst du die Worte
völlig in dich auf, du lernst,
ihnen ihre eigentliche Bedeutung zukommen zu lassen.
Du entdeckst so viel Neues in den Worten,
die du sonst einfach so dahergesagt hast.
Auf einmal streichelst du die Worte.
Du gehst anders,
sorgfältiger,
bewußter mit ihnen um.
Und du entdeckst die Stille.
Die Stille flüstert.

Die Stille schreit auf.
Die Stille macht ruhig.
Die Stille weckt auf.
Die Stille schweigt.
Die Stille redet stundenlang.
Und wie oft wollte ich beten
und fand keine Worte.
Die Stille, jetzt wird sie zum Gebet.
Aber du merkst auch bald, wie schwer es dir fällt,
die Stille auszuhalten.
Irgendwann möchtest du nur noch wegrennen.
Weg vor dir?
Aber wohin?
Wenn du dann nach einigen Tagen in deinen Wagen steigst,
um nach Hause zu fahren,
denkst du daran, daß es zwar heißt
»Wer Ohren hat, zu hören, der höre!«,
aber auch
»Wer Stimme hat, zu rufen, der rufe!«.
Und du drehst das Radio an,
gibst Gas und singst lauthals
den Song, der gerade im Radio läuft:
The beat goes on.

Auf eigene Zuversicht

will ich mir keine falschen Fährten mehr legen.
Auf eigene Zuversicht
will ich nicht heimlich meine Flucht vorbereiten.
Auf eigene Zuversicht
will ich mir keinen Unterschlupf suchen.
Auf eigene Zuversicht
will ich den Prozeß gegen mich eröffnen.
Auf eigene Zuversicht
will ich mir kein falsches Alibi bei mir verschaffen.
Auf eigene Zuversicht
will ich keine Kaution für mich bezahlen.
Auf eigene Zuversicht
will ich kein Gnadengesuch für mich stellen.
Auf eigene Zuversicht
will ich meinen Henker nicht bestechen.
Auf eigene Zuversicht
will ich die Schlinge um meinem Hals lösen.
Auf eigene Zuversicht
will ich mit meinem Beten durch meine Mauern dringen.

Anderes Gebet für eine andere Kirche

Umgeben von Tuch- und Wachsgeruch
surren leer gedrehte
Gebetsmühlen
sanft
wie in einem alten Schwarzweißfilm
zur Totenstille
der erstarrten Kirche.
Sie haben sich noch einmal fein gemacht,
aber sie sehen leblos aus.

Die Kirchturmuhr schlägt
ihre letzte Stunde.

Was ihnen fehlt:
ihr holzgeschnitzter
Gott,
der am Kreuz hängt,
festgenagelt,
der ja und niemals nein sagt
und keinen Ärger macht.
Sie wundern sich,
wer ihm wohl die Nägel aus den Händen gezogen hat.

Drinnen
ruft der Pfarrer dazu auf,
für einen neuen
holzgeschnitzten
Gott
zu spenden.

Draußen
hockt weinend
ihr alter
Gott
zusammen mit Ezechiel,
und gemeinsam beten sie
für eine andere Kirche.

Gott,
irgendwie kann ich verstehen,
daß Du Dich aus dem Staub gemacht hast.
Aber ich hoffe so sehr,
daß Du morgen
im Licht eines neuen Tages
ein Wunder wagst.

Gebet, als ich den Highway entlangraste

Es ist dir gesagt, Mensch,
was gut ist.

Micha 6,8

Gott,
ich raste wieder einmal
den Highway entlang,
als ich auf einmal Kamele überholte,
die alle Zeit der Welt zu haben schienen.
Ich wunderte mich,
aber ich wunderte mich noch mehr,
als wenig später unzählige Rosen
mitten auf dem Asphalt
ihre Dornen wegwarfen,
den Verkehr blockierten
und begannen,
ungeniert zu blühen.

Vielleicht sollten wir das alle tun.

Selig sind, die da hungert und dürstet nach der Gerechtigkeit

Du hast gesagt:
»Selig sind,
die da hungert und dürstet
nach der Gerechtigkeit;
denn sie sollen satt werden.«

Und mein Ich
dieses Augenblicks
nimmt auf einmal meine Vorurteile
nicht mehr ernst.
Niemand schleicht mehr durch meine Tage,
immer auf der Suche nach einer Falle,
die womöglich um die nächste Ecke lauern könnte.
Mein Ich
dieses Augenblicks
nimmt die anderen auf einmal so,
wie sie sind,
nimmt mich auf einmal so,
wie ich bin.
Keinen ängstlichen Gedanken
will ich mehr darauf verschwenden,
ob ich gefalle.
Keinem Morgen will ich mehr mißtrauen.
Keinem Anfang mich verweigern.
Jeden Hoffnungsstrahl will ich berühren.

Gebet woanders

Woanders
lebte einer,
den sie Hennoch nannten.
Es heißt von ihm,
er war
aufrichtig,
klug,
höflich,
menschlich,
gottesfürchtig.
Woanders
verzieh Hennoch
selbst seinen Feinden.
Woanders
ging Hennoch mit Dir,
seinem Gott.
Woanders
ward Hennoch nicht mehr gesehen.
Woanders
warst Du,
Gott,
nicht mehr gesehen.
Woanders
wollten sie Euch nicht mehr sehen.
Woanders
haben sie Euch verraten und verkauft.
Woanders
jagten sie Euch fort.

Woanders
habt Ihr Euch aus dem Staub gemacht.
Woanders
habt Ihr Euch ergeben.
Woanders
habt Ihr Euch zu wenig gewehrt.
Woanders
blieben im Stich gelassene Träume
weinend zurück.
Woanders
habe ich Euch
Tag und Nacht
gesucht.
Woanders
habe ich Euch gefunden.
Woanders
pokert Ihr nun
mit den Teufeln
im Champagnerrausch.
Setzt auf Euer Leben,
auf unsere Hoffnung.
Woanders
solltet Ihr Euch nicht zu sicher fühlen.
Woanders
leben die Träume noch.
Woanders
werde ich ihnen
Euer Versteck verraten.

Brandstifter

Gott,
meine erloschene Hoffnung
träumt vom Feuer,
das sie einst erschuf
für kalte Zeiten.
Wenn es Dich wirklich gibt,
zünde ihre Mutlosigkeit,
ihre Sprachlosigkeit,
ihre Tatenlosigkeit an.
Ich verrate niemandem,
daß Du zurückgekehrt bist,
um ihr leuchtende Gewißheit zu geben,
daß Anfang immer sein wird.

Gute-Nacht-Gebete

Gebet zur Nacht

Gott,
ich bin müde.
Mein Tag
ist fast am Ende.
»Wer sagt, es sei schon spät«,
ruft mein Tag ängstlich.
»Ich kann nicht schlafen.
Ich habe doch erst angefangen.
Bin noch nicht fertig.
Muß noch soviel tun.«
Und Du, Gott, schickst uns
Bruder Schlaf und Schwester Nacht,
die uns zärtlich in die Arme nehmen,
uns Geschichten erzählen
von der Guten Nacht,
in der alles möglich ist.
Und wunderbar geborgen schlafen wir ein,
erwarten getrost unsere Träume,
die still beginnen zu leuchten
in der Mitte der Nacht.

Gebet woanders

Gott,
wenn wir an die großen Städte denken,
sind es oftmals die markanten Bauten,
die im Gedächtnis haften geblieben sind.
Und die Fahrt im Kopf durch diese Städte
wird zu einer Fahrt entlang
architektonischer Anhaltspunkte.
Hier der Eiffelturm,
dort die Pinakothek,
da Santa Maria Maggiore,
dort Westminster Abbey,
da das Empire State Building.

Auf der Fahrt durch mein Leben
sind es die Erinnerungen an meine eigene Geschichte,
die zum Film im Kopf werden.
Die wilden Zeiten,
in denen ich mit Humphrey
damals heimlich Zigaretten drehte,
in denen mir Chuck
die ersten Riffs auf der Gitarre beibrachte.
Das Bistro, in dem ich mit James Billard spielte.
Die Bar, in der ich Elvis am Piano begleitete.
Die pinkfarbene 6oer Corvette,
in der ich mit Marilyn knutschte.

Und woanders
drehen sie gerade einen anderen Film.

Woanders
lassen sie sich nicht von Dir, Gott,
die Füße waschen,
weil Du HIV-positiv bist.
Woanders
lassen sie Dich nicht in ihre Restaurants,
weil Du eine andere Hautfarbe hast.
Woanders
lassen sie Dich nicht in ihren Vorgärten spielen,
weil Du ein Kind bist,
und sie Angst um ihren Rasen haben.
Woanders
lassen sie Dich nicht in ihren Kirchen
Verantwortung tragen,
weil Du eine Frau bist.
Woanders
wollen sie mit Dir nichts zu tun haben,
weil Du arbeitslos bist.
Woanders
nageln sie Dich ans Kreuz.
Jeden Tag.

Woanders
bete ich
für ein Happy-End.

Für eine gute Nacht

Gott,
der Tag geht
zu Ende.
Aber er stirbt nicht.
Der Tag geht und kommt
und geht und kommt,
und seine Tage scheinen nie weniger zu werden.

Gott,
mein Tag geht
zu Ende.
Irgendwann wird er wohl sterben.
Mein Tag geht und kommt
und geht und kommt – auch morgen?,
und seine Tage werden weniger.

Gott,
mein Tag geht
zu Ende.
Laß mich nicht allein.
Meine Sorgen
hungern nach Trost.
Ich habe Hunger.
Wie oft nährte ich mich
von Unrast und Sehnsucht.
Heute will ich nicht
diese einsamen Stunden essen,
diese traurigen Gedanken trinken.

Natürlich weiß ich,
daß das Glück,
die Zufriedenheit
nicht einmal im Schlaraffenland
eßbar sind.
Aber wenn Du kommst,
mache ich eine fröhliche
Flasche Lebenslust für uns auf,
wir kochen zusammen eine doppelte
Portion Hoffnung,
und zu den Klängen der Zuversicht
tanzen wir
eng umschlungen
ohne Angst
in die Nacht.

Auf eigene Zuversicht

will ich jetzt öfters
auf meinem alten Sofa sitzen
und auf mich warten.
Ob ich mal wieder zu spät dran bin?
Zu früh
oder überhaupt nicht komme?
Ob ich den Weg nicht finde?
Auf eigene Zuversicht
will ich Ausschau nach mir halten.
Auf eigene Zuversicht
will ich mir mit meiner Hoffnung entgegeneilen.
Ich will mich bei meinem Namen rufen.
Will mir meine Hand entgegenstrecken.
Auf eigene Zuversicht
will ich mich wieder mit mir vertragen.
Auf eigene Zuversicht
will ich meine Angst vor mir verlieren.
Ich will mich trauen,
mir zu sagen,
daß ich mich mag.
Auf eigene Zuversicht
will ich um mich weinen.
Auf eigene Zuversicht
will ich mich mit meinem Lachen anstecken.
Auf eigene Zuversicht
will ich eng mit mir beieinandersitzen.
Auf eigene Zuversicht
will ich mir zuhören.

Auf eigene Zuversicht
will ich mir meine Geschichte erzählen.
Auf eigene Zuversicht
will ich mich an mich gewöhnen.
Auf eigene Zuversicht
will ich mir vertrauen.
Auf eigene Zuversicht
will ich mein Leben mit mir teilen.
Auf eigene Zuversicht
will ich mich Nacht für Nacht zu mir legen.
Ich will mich in die Arme nehmen.
Will mit mir einschlafen.
Ich will mit mir durch meine Träume wandern.
Will staunen,
daß mir Flügel wachsen.
Auf eigene Zuversicht
will ich mit diesen dem Himmel entgegenfliegen.

Mutprobe

Gott,
meinen erloschenen Glauben,
schüre ihn in mir.
Daß sein Feuer mich verzehrt,
Licht ins Dunkel wirft.
Daß keine Nacht ohne Erleuchtung bleibt.
Daß die Geheimnisse zu glühen beginnen,
nichts mehr wissen wollen von der Stunde,
die sie verraten hat.

Gott,
meinen erloschenen Glauben,
schüre ihn in mir.
Ich will brennen,
keine Angst mehr haben
zu verbrennen.

Selig sind die Barmherzigen

Du hast gesagt:
»Selig sind die Barmherzigen;
denn sie werden Barmherzigkeit erlangen.«

Und meine Kälte
dieses Augenblicks,
die zittert und friert,
faßt sich ein Herz
und setzt sich näher
zur warmen und geduldigen Güte.
»Darf ich dir einschenken.
Heute spricht keiner den anderen schuldig«,
wird sie von der Güte willkommen geheißen.
Und sie rücken noch näher zusammen.
Als schon die Lichter ausgegangen sind,
hocken sie noch immer da
und reden und reden.

Wer weiß, vielleicht
bis in die Lichter eines neuen Morgen.

Dankgebet

Gott,
so viel Unruhe wühlt in mir.
Meine Termine
wollen nicht zu spät kommen.
Das Unaufgeräumte
fühlt sich vernachlässigt.
Die unerledigten Dinge
machen mir eine heftige Szene.
Meine Wünsche
wollen sich nicht länger beiseite schieben lassen.
Meine Träume
wollen endlich ernstgenommen werden.
Meine Ängste
rasen
auf der Überholspur
durch meinen Körper,
durch meinen Kopf,
durch mein Herz,
erschrecken die Schmetterlinge
in meinem Bauch.
Und da sind so viele Bilder
in mir,
die mich noch malen wollen.
So viele Bücher,
die mir meine Geschichte erzählen wollen.
So viele Lieder,
die sich zu mir hocken wollen,
damit wir gemeinsam der Stille lauschen.

Gott,
mein Ich
ist eifersüchtig auf meine Gedanken,
die einfach nicht zur Ruhe kommen wollen.
Es spioniert mir nach.
Liest heimlich meine Briefe.
Hört mein Telefon ab.
Durchwühlt meine Taschen.
Es sucht nach Spuren von Lippenstift
an meinen Hemdkragen.
Stellt meine Socken auf die Probe,
ob sie nach einem fremden Parfüm riechen.
Dabei will mein Ich
doch nur von mir gefunden,
geliebt werden.

Gott,
so viel Unruhe wühlt in mir.
Hat mich auf den Knien.

Und da kommst Du
und pflückst Blumen für mich,
die in einem paradiesischen Garten
am Ende uns allen blühen.
Ihr Duft schmeckt nach Anfang,
und Du sagst,
daß Du mich liebst.

Danke.

Eine Handvoll Zeit

Unsere Zeit in Gottes Händen.

aus dem 31. Psalm

Gott,
dieser Unbekannte in meinem Bett,
ich kann mich nicht an ihn gewöhnen.
Er schläft zu wenig.
Raucht und trinkt zu viel.
Ißt hastig.
Arbeitet hektisch.
Schon am Morgen hat er zu wenig Zeit.
Und so kommt,
geht,
spricht,
küßt,
liebt,
betet,
träumt
er mir irgendwie zu schnell.
Er ordnet,
plant
seine Zeit.
Und während er die anderen Pläne macht,
wundert er sich, daß dabei das,
was Leben ist, passiert,
aber er wieder einmal nicht dabei ist.

Ja, er muß erkennen,
daß von der Zeit,
die er durch seine Eile glaubte einzusparen,
ihm nie etwas übrigbleibt.
Wenn er auch noch so schnell lebt,
seine Zeit,
seine Stunden,
seine Tage,
seine Jahre,
sie werden
im Laufe der Zeit
weniger.

Gott,
dieser Unbekannte in meinem Bett,
ich kann mich nicht an ihn gewöhnen.
Ich will aufwachen
in einem anderen Morgen.
Wo meine Zeit,
die mir doch nur verliehen ist,
die jederzeit aufgebraucht sein kann,
im Angesicht der Ewigkeit
ihren Schrecken verliert,
auch wenn sie meinem Ende entgegeneilt.
Ich will aufwachen
in einem anderen Morgen.
Wo ich Zeit habe.
Zeit zu leben. Lebenszeit.
Wo meine Zeit noch voller Geheimnisse ist.
Wo meine Zeit bereit ist für das Abenteuer.
Ich will aufwachen
in einem anderen Morgen.

Wo meine Gegenwart,
von nichts bedrängt,
auf allem liegt.
Ich will auf dieser gehen,
als wär sie ein weicher Teppich,
geschützt unter einem Baldachin
aus Vergangenheit und Zukunft.
Ich will mir nachschauen,
will sehen,
wie ich ohne Angst
im Ursprung und Ziel aller Dinge
verschwinde.

Gott,
dieser Unbekannte in meinem Bett,
der vorgibt, Ich zu sein,
ich kann mich nicht an ihn gewöhnen.
Ich will aufwachen
in einem anderen Morgen.

Gott,
schenke mir eine gute Nacht.

Amen

das ist: Es werde wahr.

Stärke unseren Glauben immerdar
und lehre uns hinterfragen,
zweifeln,
was wir hiermit gebetet haben.

Und ich bücke mich,
hebe das Geheimnis des Glaubens auf,
das ich verloren habe,
als ich mich zu sicher fühlte,
als ich glaubte, schon alles zu wissen.

➡ **Gebete**

Geborgen im Lauf der Zeit

Gebete für alle Tage.
Hrsg. von Christian Zippert.
110 Seiten. Kt. [3-579-01318-1]
GTB 1318

Die Texte dieses Bandes folgen der Ordnung der Zeit – dem Lauf des Tages, dem Lauf der Woche, dem Lauf der Monate. Es sind neue und alte, lange und kurze, poetische und prosaische, von Frauen und von Männern verfaßte Gebete. Christian Zippert möchte sie als Anregungen verstanden wissen, auch für die eigenen Gedanken die angemessenen Worte zu finden.

Gütersloher Verlagshaus

Postfach 450 · 33311 Gütersloh
Tel. (05241) 7405-41 · Fax 7405-48
Internet: http://www.guetersloher-vh.de
e-mail: info@guetersloher-vh.de